U0579702

艺术汉语
——影视篇

刘启东　万群　欧曦钰　主编

吉林大学出版社

·长春·

图书在版编目（CIP）数据

艺术汉语．影视篇 / 刘启东，万群，欧曦钰主编．

长春 ：吉林大学出版社，2024．10． -- ISBN 978-7
-5768-3798-8

Ⅰ．H195.4

中国国家版本馆 CIP 数据核字第 202447ND22 号

书　　名：艺术汉语——影视篇
　　　　　YISHU HANYU——YINGSHI PIAN

作　　者：刘启东　万　群　欧曦钰
策划编辑：邵宇彤
责任编辑：张　驰
责任校对：李潇潇
装帧设计：寒　露
出版发行：吉林大学出版社
社　　址：长春市人民大街4059号
邮政编码：130021
发行电话：0431-89580036/58
网　　址：http://www.jlup.com.cn
电子邮箱：jldxcbs@sina.com
印　　刷：河北万卷印刷有限公司
成品尺寸：185mm×260mm　　16开
印　　张：6.25
字　　数：100千字
版　　次：2025年1月第1版
印　　次：2025年1月第1次
书　　号：ISBN 978-7-5768-3798-8
定　　价：58.00元

版权所有　　翻印必究

目 录

艺术汉语

影视篇

第一课　在片场

📖 课文一　Cut! 这条重拍!

（剧组在拍一部新电影。）

导　演：请大家**各就各位**，准备**开拍**。

化妆师：等一下，**演员**需要补一下妆。

导　演：好的，大家**暂停**一下。

化妆师：好了，可以了。

导　演：开拍!

······

导　演：Cut! 这条重拍!

演　员：导演，有什么问题吗?

导　演：不是你的问题，是灯光不够。**灯光师**，灯光亮一点。

······

导　演：停，这条过了。

演　员：太好了，谢谢大家!

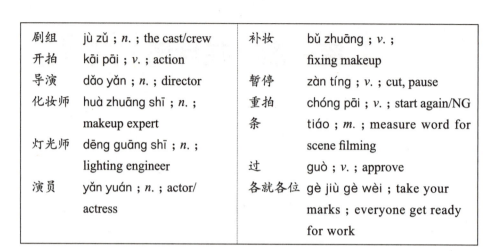

剧组	jù zǔ；n.；the cast/crew	补妆	bǔ zhuāng；v.；fixing makeup
开拍	kāi pāi；v.；action	暂停	zàn tíng；v.；cut, pause
导演	dǎo yǎn；n.；director	重拍	chóng pāi；v.；start again/NG
化妆师	huà zhuāng shī；n.；makeup expert	条	tiáo；m.；measure word for scene filming
灯光师	dēng guāng shī；n.；lighting engineer	过	guò；v.；approve
演员	yǎn yuán；n.；actor/actress	各就各位	gè jiù gè wèi；take your marks；everyone get ready for work

▌注释

动词后面加"一下"

动词后面加"一下"，可以表示动作持续的时间短，常常在祈使句中使用，表示委婉的语气。举例如下：

（1）我看一下你的新电脑，行吗？

（2）您点的菜还没有做好，请等一下。

（3）大家都累了，休息一下吧。

有一些特殊动词，和"一下"一起使用时需要分开。例如，补妆：**补一下妆**；请假：**请一下假**；帮忙：**帮一下忙**。

师

有很多工种都带有"师"，表示技能性的工作。例如，厨师、老师、律师、画师、理发师、化妆师、摄像师、灯光师。

练一练

1. 用所给汉字完成词语

师 重 拍 补 演 停 调

开（　　）　　　　（　　）妆　　　　导（　　）　　　　（　　）拍

暂（　　）　　　　灯光（　　）　　　　（　　）亮

2. 选择合适的词语完成句子

A 过　B 各就各位　C 暂停
D 导演　E 剧组　F 开拍

（1）上课了，请同学们（　　　）。

（2）你知道这部电影的（　　　）是谁吗？

（3）比赛已经（　　　），因为有人受伤了。

（4）这部电影去年就（　　　）了。

（5）听说这门课考试很难，不容易（　　　）。

（6）这两个演员在不一样的（　　　）。

第一课　在片场

📖 课文二　这部电影的剧本很棒！

张艺：安雄，你在看什么？

安雄：我在看一部新电影的**预告片**呢。

张艺：我也想看这部电影，我很喜欢那个男**主角**。

安雄：我也特别喜欢他，但是这部电影他不是主角，是**配角**。

张艺：真**可惜**。

安雄：我觉得这部电影的**剧本**很棒！

张艺：电影什么时候**上映**？我一定去看。

安雄：差不多春节的时候，到时候我们一起去。

张艺：**一言为定**！

预告片	yù gào piàn；*n.*；trailer	剧本	jù běn；*n.*；screenplay/script
主角	zhǔ jué；*n.*；leading role	上映	shàng yìng；*v.*；release/show on
配角	pèi jué；*n.*；supporting role		
可惜	kě xī；*adj.*；regrettable	一言为定	yī yán wéi dìng；deal

▌ 注释

<u>不是……，是……/ 而是……</u>

强调句型，强调后面的才是正确的原因或者答案。

（1）那件外套不是我的，是我朋友的。

（2）他昨天没去考试不是因为不知道时间，是因为生病了。

（3）北京最美的季节不是春天，而是秋天。

在……呢

表示动作或状态的持续。在口语中也可用作"……呢"。

（1）安静点儿，她孩子在睡觉呢。

（2）他应该在开车呢，晚点儿给他打电话吧。

（3）A：好长时间没看见你了，你最近在做什么呢？

　　　B：加班呢。最近特别忙！

练一练

1. 用所给汉字完成词语

主　预　告　言　可　本　配　映

（　　）片　　　　一（　　）为定　　　（　　）角　　　　　上（　　）

（　　）惜　　　　　（　　）角　　　　剧（　　）

2. 选择合适的词语完成句子

A剧本　B上映　C一言为定　D可惜　E主角

（1）去年（　　）的那部电影你看了吗？

（2）最近他在准备自己写一个（　　）。

（3）这次他考试考了59分，很（　　）。

（4）李导演在找一个合适的（　　），你可以去试试。

（5）A：放假的时候，我们去旅游吧，听说海南特别漂亮。

　　　B：行，（　　）！

练习

1. 组词

例子：电：_电脑_　_电视_　　_电冰箱_　_电话_

（1）师：_____师　_____师　_____师　_____师

（2）映：_____映　_____映　_____映　_____映

2. 猜一猜他们做什么工作

（1）她可以让别人变得更漂亮。

（2）他负责在片场调节灯光。

（3）我们常常在电影和电视剧中看到她。

（4）如果没有相机，他就无法工作。

（1）_____　　（2）_____　　（3）_____　　（4）_____

3. 根据课文回答问题

（1）开拍的时候，导演为什么让大家暂停一下？

（2）导演为什么要重拍？

（3）安雄觉得这部电影怎么样？

（4）张艺和安雄最后决定做什么？

4. 说一说

（1）你最近看了什么电影？觉得怎么样？

（2）你最喜欢的演员是谁？你最喜欢他的哪部电影？

（3）你想做什么工作？为什么？

补充词汇

1. 摄像 / 摄像师　　shè xiàng shī；n.；cameraman

2. 录音师　　　　lù yīn shī；*n.*；recordist

3. 制片人　　　　zhì piān rén；*n.*；producer

4. 编剧　　　　　biān jù；*n.*；screenwriter

5. 配音　　　　　pèi yīn；*v.*；voice casting

6. 临时演员　　　lín shí yǎn yuán；*n.*；extra actor/actress

7. 下映　　　　　xià yìng；*v.*；(movies) not showing in cinema anymore

8. 首映　　　　　shǒu yìng；*n.*；preview

9. 点映　　　　　diǎn yìng；*n.*；sneak preview

▎拓展阅读

　　奥斯卡金像奖是全世界知名的电影奖之一。1929 年，第一届奥斯卡颁奖典礼在美国举行。从那以后，美国电影艺术与科学学院（AMPAS）每年都会颁发奖项给最优秀的电影工作人员。奖项主要包括最佳影片、最佳男主角、最佳女主角、最佳导演等，所有获奖者都可以得到一座小金人。到现在，获得奥斯卡奖项最多的电影是《宾虚》《泰坦尼克号》《指环王：王者归来》。

第一课　在片场

2023 年奥斯卡获奖名单

最佳影片 :《瞬息全宇宙》   最佳男主角 : 布兰登·费舍《鲸》

最佳原创剧本 :《瞬息全宇宙》   最佳男配角 : 关继威《瞬息全宇宙》

最佳外语片 :《西线无战事》   最佳女主角 : 杨紫琼《瞬息全宇宙》

最佳动画长片 :《匹诺曹》 最佳女配角 : 杰米·柯蒂斯《瞬息全宇宙》

最佳摄影 :《西线无战事》   最佳导演 : 关家永 & 丹尼尔·施纳特《瞬息全宇宙》

最佳剪辑 :《瞬息全宇宙》

1. 奥斯卡金像奖　ào sī kǎ jīn xiàng jiǎng ; Oscars

2. 颁奖典礼　bān jiǎng diǎn lǐ ; *n.* ; award ceremony

3. 举行　jǔ xíng ; *v.* ; to hold

4. 艺术　yì shù ; *n.* art

5. 科学　kē xué ; *n.* ; science

6. 颁发　bān fā ; *v.* ; to award

7. 优秀　yōu xiù ; *adj.* ; excellent

8. 工作人员　gōng zuò rén yuán ; *n.* ; staff

9. 包括　bāo kuò ; *v.* include

10. 最佳　zuì jiā ; *adj.* ; the best

11. 获奖者　huò jiǎng zhě ; *n.* ; winner

12. 原创　yuán chuàng ; *adj.* ; original

13. 动画　dòng huà ; *n.* ; animation

14. 剪辑　jiǎn jí ; *v.* ; to edit (for flim)

15. 名单　míng dān ; *n.* ; list

第二课　导演和作品

📖 课文一　姜文是谁?

王老师：大家看过姜文**导演**的电影吗?

安　雄：老师，姜文是谁?

王老师：姜文是中国的**著名**导演，他有很多非常**受欢迎**的作品。

李明明：我看过他导演的《阳光灿烂的日子》。

王老师：那是他导演的第一部电影，**改编自**王朔的**小说**《动物凶猛》。

安　雄：这是一部好电影吗?

王老师：这部电影讲的是一群少男少女的**青春故事**。电影里的**对白**非常有
　　　　趣! 大家有时间还可以看看他的其他电影，如《太阳照常升起》
　　　　《让子弹飞》等。

导演	dǎo yǎn ; *n.* ; director		小说	xiǎo shuō ; *n.* ; novel
著名	zhù míng ; *adj.* ; famous		少	shào ; *adj.* ; young
受欢迎	shòu huān yíng ; popular		青春	qīng chūn ; *n.* ; youth
作品	zuò pǐn ; *n.* ; work		故事	gù shi ; *n.* ; story
改编	gǎi biān ; *v.* ; adapt		对白	duì bái ; *n.* ; dialogue
自	zì ; *prep* ; from			

第二课　导演和作品

注释

王朔

中国当代作家，编剧。1958 年 8 月 23 日出生。代表作有《玩的就是心跳》《看上去很美》等。

动物凶猛

小说的名字，讲述了 20 世纪 70 年代一群少年的成长故事。

阳光灿烂的日子

电影的名字，1995 年上映。

太阳照常升起

电影的名字，2007 年上映。

让子弹飞

电影的名字，2010 年上映。

练一练

1. 用所给汉字完成词语

白 事 改 名 青 说

故（　　　）　　　　（　　　）春　　　　（　　　）编

小（　　　）　　　　对（　　　）　　　　著（　　　）

2.选择合适的词语完成句子

| A 受欢迎　B 改编　C 对白　D 小说　E 著名　F 自 |

（1）你回去的时候可以带点汤圆，这是这里（　　　）的小吃。

（2）他最大的爱好就是看（　　　）。

（3）李林是剧组里最（　　　）的人。

（4）如果你是编剧，你想怎么（　　　）这部小说？

（5）我的汉语不太好，不知道这两句（　　　）是什么意思。

（6）我室友虽然来（　　　）北京，但是他会说四川话。

📖 课文二　你爱看电影还是电视剧？

米　拉：阿明，**斯皮尔伯格**的新作品快上映了！你想去看吗？

李明明：有英文**原版**吗？

米　拉：没有，只有中文**配音**的，但是有英文**字幕**。

李明明：那也很好，**正好**可以练习中文。

米　拉：你爱看电影还是**电视剧**？

李明明：我爱看电影。电视剧太花时间了。

米　拉：你可以多看一些中国电视剧，这对你练习中文的听和说都有好处。

李明明：你常常这样练习中文吗？

米　拉：对呀，我现在已经可以不用看字幕了。

李明明：你真棒！

斯皮尔伯格	sī pí ěr bó gé；Steven Spielberg	字幕	zì mù；*n.*；subtitle
原版	yuán bǎn；*n.*；original edition	正好	zhèng hǎo；*adv.*；coincidently
配音	pèi yīn；*n.*；dubbing	电视剧	diàn shì jù；*n.*；television series

▌练一练

1. 用所给汉字完成词语

版　幕　配　剧

原（　　）　　字（　　）　　电视（　　）　　（　　）音

2. 选择合适的词语完成句子

A 配音　B 字幕　C 电视剧　D 原版

（1）昨天我去书店买了一本英文（　　）书。

（2）你喜欢看配音的电影还是（　　）的电影。

（3）我最近看到一部特别好看的（　　）。

（4）这部电视剧没有（　　）吗？

练习

1. 用 A 和 B 中的词语组词

A

导、组、写、故、小、电视、拍、少、镜、音、原、改

B

说、写、剧、电影、班、版、编、女、事、配、看、演

例子：导演、小说……

2. 用所给词语完成句子

（1）你下午要去电影院吗？ _____（正好）

（2）_____，大家都非常喜欢他。（受欢迎）

（3）你没读过这本小说？ _____。（著名）

（4）A：你觉得这部电视剧怎么样？

　　　B：_____（故事），但是 _____（对白）。

第二课　导演和作品

3. 根据课文回答问题

（1）姜文拍了哪些电影？

（2）《阳光灿烂的日子》这部电影怎么样？

（3）阿明为什么更喜欢看电影？

（4）阿明看中国电视剧有什么好处？

4. 说一说

（1）你喜欢看原版的电影还是配音的电影？为什么？

（2）你有喜欢的导演吗？能不能说出几部他的作品？

▌补充词汇

1. 电视节目　diàn shì jié mù；*n.*；television program

2. 剧本　　　jù běn；*n.*；screen play

3. 助理　　　zhù lǐ；*n.*；assistant

4. 胶片　　　jiāo piàn；*n.*；film

5. 美术设计　měi shù shè jì；*n.*；art designer

▌拓展阅读

　　姜文（1963—），出生在中国河北省，1981年进入**中央戏剧学院**学习**表演**。1984—1991年，他和许多著名的导演合作，出演了许多受欢迎的电影和电视剧，包括《红高粱》《末代皇后》《北京人在纽约》等，成为中国

著名的男演员。1991年，他决定把王朔的小说《动物凶猛》改编成电影。后来，他用了三个月时间导演了他的第一部作品——《阳光灿烂的日子》。他的电影富有许多**象征意义**，而且带有特别的**幽默感**，很受观众欢迎，并获得了许多国内外的电影大奖。2018年，他的新电影《邪不压正》在中国上映。

1. 中央戏剧学院　　zhōng yāng xì jù xué yuàn；The Central Academy of Drama

2. 表演　　biǎo yǎn；*n.*；acting

3. 和……合作　　hé……hé zuò；to cooperate with…

4. 象征意义　　xiàng zhēng yì yì；symbolic meaning

5. 幽默感　　yōu mò gǎn；*n.*；sense of humor

6. 《红高粱》　　hóng gāo liáng；Red Sorghum

7. 《末代皇后》　　mò dài huáng hòu；The Last Empress

8. 《北京人在纽约》běi jīng rén zài niǔ yuē；A Native of Beijing in New York

第二课　导演和作品

第三课　构图

📖 课文一　什么是构图？

王老师：大家平时画画吗？画画需要什么东西？

米　拉：需要画笔和纸。

王老师：非常好！我们想画一张漂亮的画，一定要先构图。

子　杰：老师，什么是构图？

王老师：就是怎样去安排你想画的人和景物。拍电影也像画画一样，**镜**
　　　　头就是画笔，**取景框**就是画纸。我们要在取景框里安排不同的人
　　　　和景。

子　杰：构图时要注意什么呢？

王老师：构图时要注意的东西有很多。比如，人和景的**关系**。**画面**既要好
　　　　看，又要**突出主体**。

不同的构图方法

构图	gòu tú ; *n.* ; compositions of a picture	画面	huà miàn ; *n.* ; picture
镜头	jìng tóu ; *n.* ; shot	突出	tū chū ; *v.* ; to highlight
取景框	qǔ jǐng kuàng ; *n.* ; frame		
关系	guān xì ; *n.* ; relationship	主体	zhǔ tǐ ; *n.* ; main object

注释

关系

"关系"不仅可以用来表示人和人的关系，还可以用来表示其他的关系，如空间关系、色彩关系、声画关系。

练一练

1. 用所给汉字完成词语

> 框　画　图　关　头　出　主

镜（　　）　　　　构（　　）　　　　（　　）体　　　　（　　）系

（　　）面　　　　取景（　　）　　　　突（　　）

2. 选择合适的词语完成句子

> A 镜头　B 画面　C 关系　D 取景框
> E 突出　F 主体　G 构图

（1）我们这场戏要突出两个角色的（　　　），所以非常重要。

（2）如果说镜头是画笔，（　　　）就是画纸。

（3）这本书会告诉你（　　　）时应该注意什么。

第三课　构图

（4）A：这幅画这么贵？她为什么要买？

　　　B：她说这幅画的（　　　）特别美。

（5）从（　　　）中可以看到，演员离镜头越来越远了。

📖 课文二 调一下白平衡

王老师：摄影时，大家要注意**对焦**，如果对焦不好，画面会不清楚。看，
　　　　这张照片拍得不好，因为**虚焦**了。

妮　娜：老师，我这张照片可以吗？

王老师：灯光太亮了，这里你可以用**遮光板**遮一下。

妮　娜：哪个是遮光板？是这个吗？

王老师：不是，这个是**反光板**。这个才是遮光板。

妮　娜：老师，什么时候用反光板呢？

王老师：如果灯光太**暗**，就应该用反光板。

苏　鹏：老师，我的这张照片怎么样？

王老师：你这张照片颜色不对，调一下**白平衡**。

对焦	duì jiāo；v.；focus	反光板	fǎn guāng bǎn；n.；priscilla
虚焦	xū jiāo；v.；out of focus	暗	àn；adj.；dark
遮光板	zhē guāng bǎn；n.；ear/sider	白平衡	bái píng héng；n.；white balance

▌ 练一练

1. 用所给汉字完成词语

反光　平衡　虚　遮　焦

白（　）　　　（　）光板　　　虚（　）　　　（　）板　　　（　）焦

2.选择合适的词语完成句子

> A 虚焦　B 遮光板　C 暗　D 对焦　E 白平衡

（1）试试先调一下（　　），然后再拍一次。

（2）A：这个画面太亮了，给我（　　），我要遮一下光。

　　　B：好的，给你。

（3）A：为什么我拍的镜头画面总是不清楚？

　　　B：你没有（　　），所以画面都（　　）了。

（4）那部电影的色彩看起来很（　　），是灯光的原因吗？

▍练习

1.根据图片，写出名称

_____　　　_____

_____　　　_____

2. 根据课文回答问题

（1）画画和拍电影一样吗？为什么？

（2）构图时应该注意什么？

（3）妮娜的照片拍得怎么样？她应该怎么办？

3. 说一说

（1）你觉得这些图片的构图好看吗？为什么？

①
②
③
④

（2）你最喜欢用什么构图方法？跟同学分享一下。

▌补充词汇

1. 高光　　gāo guāng；n；highlight

2. 暗调　　àn diào；n.；shade

3. 色温　　sè wēn；n.；color tempreature

4. 高反差　gāo fǎn chā；n.；high-contrast

第三课　构图

▋拓展阅读

构图的技巧

　　构图可以让画面更有趣，还有助于突出物体之间的关系。构图之前应该先问自己几个问题：第一，我要拍什么？第二，我要拍的东西之间的关系是什么？第三，我想表达什么？然后用取景框减去不需要的东西，突出重要的东西。常用的构图技巧有中心式构图、对称式构图、三分法构图、对角线构图等。

中心式构图　　　　　　　三分法构图　　　　　　　对角线构图

1. 有助于　　　　yǒu zhù yú；be help for\good for

2. 物体　　　　　wù tǐ；*n.*；object

3. 表达　　　　　biǎo dá；*v.*；to express

4. 技巧　　　　　jì qiǎo；*n.*；skill\technique

5. 中心式构图　　zhōng xīn shì gòu tú；central composition

6. 对称式构图　　duì chèn shì gòu tú；symmetrical composition

7. 三分法构图　　sān fēn fǎ gòu tú；the rule of third

8. 对角线构图　　duì jiǎo xiàn gòu tú；diagonal composition

第四课 《影》

📖 课文一 我给你推荐的电影看了吗?

张　艺：苏鹏，我给你**推荐**的电影看了吗?

苏　朋：看了，但是我有一个问题。为什么这部电影的**色调**那么冷?

张　艺：这是一部**水墨风格**的电影，所以都是黑、白、**灰**这样的**冷色调**。

苏　朋：看起来有点**压抑**，**不过**电影的构图非常美。

张　艺：电影的名字也很有意思，叫《影》。

苏　朋：为什么叫这个名字? 因为画面里有很多**阴影**吗?

张　艺：不是。因为男主角是一个**替身**，就像是别人的影子一样。

苏　朋：哦，现在我明白了!

推荐	tuī jiàn ; *v.* ; recommend	灰	huī ; *n.* ; grey
色调	sè diào ; *n.* ; tone (color)	压抑	yā yì ; *adj.* ; depressive
冷色调	lěng sè diào ; *n.* ; cold tone	不过	bú guò ; *conj.* ; but, nevertheless
水墨	shuǐ mò ; *n.* ; Chinese ink painting	阴影	yīn yǐng ; *n.* ; shade
风格	fēng gé ; *n.* ; style	替身	tì shēn ; *n.* ; substitute, stand-in

注释

水墨

水墨是中国画的一种形式。作画的时候只通过调配水和墨来表现不同的色彩和空间关系。这种风格被借用到了摄影、电影、动画等不同的艺术形式中。

《影》

中国著名导演张艺谋的作品。讲述了一个被当作替身的小人物寻找自由的故事。电影于 2018 年 9 月上映。

练一练

1. 用所给汉字完成词语

水　调　格　影　身　压　推

冷色（　　）　　　阴（　　）　　　风（　　）　　　替（　　）

（　　）抑　　　（　　）荐　　　（　　）墨

2. 选择合适的词语完成句子

A 替身　B 压抑　C 推荐　D 色调　E 风格　F 不过

（1）听说你看过很多电视剧，可以给我（　　　　）几部吗？

（2）最近上映的这部电影是喜剧片，不是我喜欢的（　　　　）。

（3）有的演员演动作戏的时候需要（　　　　）。

（4）A：看完这部电影，我觉得有点（　　　　）。

　　　B：嗯，电影画面的（　　　　）特别暗，故事也让人感到难过。

　　　A：（　　　　）我还是很喜欢这部片子。

📖 课文二　用光和基调

王老师：大家注意到没有？不同**主题**的电影，用光的**基调**通常也不一样。**喜
剧片**常常用**高调**，画面明亮。**悲剧**或者**恐怖片**常常用**暗调**，让人看
不太清楚。有谁知道这是为什么吗？

米　拉：我知道。因为画面的明暗会给人不同的感受。

安　雄：对，观众看到亮的画面会比较开心，看到暗的画面会感觉很**神秘**
或者很**沉重**。

王老师：非常好！有时导演也会用**高反差对比**来突出他想表达的意思。

安　雄：老师可以**举个例子**吗？

王老师：像《影》中的最后一个镜头。导演用高反差对比突出女主角的脸，
让观众感受到她的**恐惧**。

妮　娜：她看起来很害怕。她看到了什么？

王老师：电影结尾也没有说。导演想让观众自己**想象**。这种结尾叫**开放式
结尾**。

主题	zhǔ tí；*n.*；theme	沉重	chén zhòng；*adj.*；heavy, oppressive
基调	jī diào；*n.*；light tone	高反差对比	gāo fǎn chā duì bǐ；high-contrast
喜剧片	xǐ jù piàn；*n.*；comedy		
高调	gāo diào；*n.*；highlight	举个例子	jǔ gè lì zī；make a example
悲剧	bēi jù；*n.*；tragedy		
恐怖片	kǒng bù piàn；*n.*；horror movie	恐惧	kǒng jù；*n.*；fear
		想象	xiǎng xiàng；*v.*；imagine
暗调	àn diào；*n.*；shade	开放式结尾	kāi fàng shì jié wěi；Open-ending
神秘	shén mì；*adj.*；mysterious		

练一练

1.用所给汉字完成词语

| 题 调 喜剧 高 神 想 重 |

（　）调　　　　（　）片　　　　（　）象　　　　沉（　）

（　）秘　　　暗（　）　　　　（　）材

2.选择合适的词语完成句子

| A 举个例子　B 神秘　C 悲剧　D 开放式结局
E 主题　F 惊讶　G 基调 |

（1）她最近有点（　　　），常常不来上课，也很少和别人说话。

（2）不同（　　　）的电影，用光的（　　　）也会不同。

（3）你刚刚讲的我没听懂，可以（　　　）吗？

（4）A：电影的结尾，主角最后死了吗？

　　　B：不知道，电影里没有说。这是个（　　　）。

（5）A：她不喜欢这部电影，我觉得很（　　　）。

　　　B：比起喜剧片，她更喜欢看（　　　）。

练习

1.根据课文回答问题

（1）张艺给苏鹏推荐的电影叫什么名字？为什么叫这个名字？

（2）为什么不同主题的电影会有不同的用光基调？

（3）电影《影》的结尾是什么？

2. 说一说

（1）你最近看了什么电影？它的用光基调是怎样的？

（2）你知道哪些电影的结尾是开放式结尾？给同学们分享一下。

▌补充词汇

1. 暖色调　nuǎn sè diào；*n.*；warm-tone

2. 照明　zhào míng；*n.*；lighting

3. 聚光灯　jù guāng dēng；*n.*；filmspotlight

4. 曝光　bào guāng；*n.*；exposure

▌拓展阅读

现实主义用光和表现主义用光

在电影的用光上，可以分为**现实主义**和**表现主义**。现实主义更注重用现场光，特别是在**外景**拍摄的时候。这样画面看起来更接近真实的样子。但是有时候导演也会使用反光板让画面明暗对比不那么强。拍摄**内景**戏时，现实主义喜欢用窗外的阳光或者灯光，让镜头看起来更自然。

表现主义电影的用光常常会有象征意义，所以会比较夸张。比如，有时会让灯光**自下而上**照亮演员的脸，让人觉得恐怖又神秘；有时还会**故意**用东西遮住一部分光，让观众有一种**不安全感**。

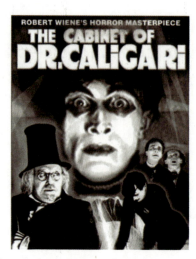

表现主义电影《卡里加里博士》

1. 现实主义　xiàn shí zhǔ yì ; *n.* ; realism

2. 表现主义　biǎo xiàn zhǔ yì ; *n.* ; expressionism

3. 注重　　　zhù zhòng ; *v.* ; layemphasison

4. 外景　　　wài jǐng ; *n.* ; outdoorscene

5. 内景　　　nèi jǐng ; *n.* ; indoorscene

6. 自下而上　zì xià ér shàng ; frombottomtotop

7. 故意　　　gù yì ; *adv.* ; deliberately

8. 安全感　　ān quán gǎn ; *n.* ; senseofsecurity

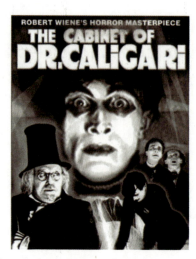（艺术汉语 影视篇）

第五课　景别

📖 课文一　景别

（张艺在看一本介绍电影的书）

米　拉：张艺，你有没有**发现**电影是一个很**神奇**的东西？

张　艺：为什么这么说？

米　拉：因为虽然**屏幕**一直是这么大，但是人们在上面既能看到地球这么大的东西，也能看到蚂蚁那么小的东西。

张　艺：这是因为**景别**的变化，人们才能看到那么多不同的场景。

米　拉：景别是什么？

张　艺：就是人们常常说的**远景**、**中景**、**近景**。

米　拉：哦，我明白了，就像人的眼睛一样，离人物越远，看到的范围越大，离物体越近，看到的范围越小。

张　艺：对了，我看这本书上还说了**全景**和**特写**。

近景镜头

中景镜头

全景镜头

远景镜头

发现	fā xiàn；v.；discover, realize	中景	zhōng jǐng；n.；medium shot
神奇	shén qí；adj.；amazing,	近景	jìn jǐng；n.；close shot
屏幕	píng mù；n.；screen	范围	fàn wéi；n.；scale
蚂蚁	mǎ yǐ；n.；ant	全景	quán jǐng；n.；full shot
景别	jǐng bié；n.；scenes	特写	tè xiě；n.；close-up
远景	yuǎn jǐng；n.；perspective shot		

▍练一练

1. 用所给汉字完成词语

奇 景 中 写 范 幕 现

屏（　　）　　　神（　　）　　　发（　　）　　　（　　）景

特（　　）　　　全（　　）　　　（　　）围

2. 选择合适的词语完成句子

A 景别　B 近景　C 蚂蚁　D 神奇　E 范围

（1）我第一次看到这部手机就觉得它很（　　）！

（2）别看（　　）个子小，但是它的力气很大。

（3）不同（　　）的变化，可以让观众看到更丰富的镜头。

（4）这张地图的（　　）太大了，你记得他住在哪条街吗？

（5）这个镜头需要拍清楚演员的脸，可以用（　　）拍摄。

📖 课文二　远景和特写

王老师：大家觉得远景和特写有什么区别？

李明明：一个看起来远，一个看起来近。

妮　娜：一个帮助人们了解故事的环境，一个帮助人们注意重要的细节。

王老师：不错。那当人们看这两种不同的景别时，会有不同的感受吗？

安　雄：有。特写镜头让人更能感同身受。

王老师：安雄说得好。特写镜头会让人们感觉跟角色更亲近，也更容易被故事感动。

李明明：老师，远景镜头不会让人感动吗？

王老师：远景镜头也可以很感人，但是多数时候远景是让人们更客观地了解发生的事。

区别	qū bié；*n.*；difference	感动	gǎn dòng；*v.*；touch
细节	xì jié；*n.*；detail	感人	gǎn rén；*adj.*；
感同身受	gǎn tóng shēn shòu；be sympathetic to		touching
亲近	qīn jìn；*adj.*；intimate/close	客观	kè guān；*adj.*；
			objective

特写镜头

练一练

1. 用所给汉字完成词语

| 亲 观 别 感 节 动 |

( )人　　　　　　　　细（ ）　　　　　　　　（ ）近

区（ ）　　　　　　　　感（ ）　　　　　　　　客（ ）

2. 选择合适的词语完成句子

| A客观　B区别　C亲近　D感同身受　E细节 |

（1）好电影应该多看几遍，第一遍主要看故事，第二遍应该注意（　　　）。

（2）他们俩关系非常（　　　），有什么事都互相帮助。

（3）这幅画跟刚才那幅没什么（　　　）。

（4）李老师告诉我要（　　　）地看自己身上的问题。

（5）A：你怎么又哭了？

　　　B：每次听到这样的事情我都特别（　　　）。

练习

1. 根据课文回答问题

（1）米拉为什么说电影很神奇？

（2）什么是景别？

（3）张艺说了几种不同的景别？

（4）为什么特写镜头更容易让人感动？

（5）特写镜头和远景镜头有什么区别？

第五课　景别

2. 根据图片写景别

_____ _____ _____

_____ _____

▌拓展阅读

空间距离和心理距离

观众在观看电影时，空间距离会影响到他们和拍摄对象的心理距离。一般来说，摄像机离**拍摄对象**越远，观众的感受越**中立**；摄像机离拍摄对象越近，观众就觉得和人物越亲近。所以，导演会根据**剧情**选择不同的景别，让镜头距离**符合**剧情的需要。

1. 拍摄对象　　pāi shè duì xiàng；*n.*；subject of photography/ filming
2. 中立　　　　zhōng lì；*adj./n.*；neutral
3. 剧情　　　　jù qíng；*n.*；plot/storyline
4. 符合　　　　fú hé；*v.*；conform to/be in accordance with

第六课　景深的运用

📖 课文一　景深

王老师：同学们注意看这两幅图有什么区别？

米　拉：老师，这两幅图差不多呀。

苏　朋：不是，左边的图**远处**的景物看不清楚，但是右边的图远处的景物是清晰的。

王老师：对，左图的远处是**模糊**的，而右图从**近处**到远处都是清晰的。用**术语**来说，就是右图的景深比左图的**景深更大**。

李明明：老师，景深是什么？

王老师：景深就是一个镜头里可以被清晰看见的范围，范围越大，景深越大。

米　拉：可以举个例吗？

王老师：行，大家来看这个镜头，在这个镜头里不是所有物体都能看清楚，如果这个镜头里只有中间绿色的部分能被看清楚，**超出**这个范围，画面**清晰度**就下降了，那么中间绿色部分就是镜头的景深范围。

米　拉：哦，我懂了。

王老师：那请问大家，如果我想让镜头景深变小应该怎么做呢？

李明明：应该对焦在近处的物体上。

苏　朋：还可以调大焦距，焦距变大了，景深会变小。

王老师：很好。但是还有别的办法，如调大**光圈**，光圈越大景深越小。

远处	yuǎn chù ; *n.* ; further place	景深	jǐng shēn ; *n.* ; depth of field
近处	jìn chù ; *n.* ; near place	超出	chāo chū ; *v.* ; go beyond
模糊	mó hū ; *adj.* ; blurry	清晰度	qīng xī dù ; *n.* ; clarity
术语	shù yǔ ; *n.* ; terminology	光圈	guāng quān ; *n.* ; aperture

风景图 1　　　　　　　　风景图 2

▌练一练

1. 用所给汉字完成词语

模	景	圈	超	术	度

（　）出　　　　（　）深　　　清晰（　）

（　）语　　　光（　）　　　（　）糊

2. 选择合适的词语完成句子

A 模糊　B 清晰度　C 光圈　D 超出　E 景深

（1）开车的时候一定要注意，不要（　　　）安全的速度范围。

（2）一般来说，镜头焦距越大，（　　　）就会变小。

（3）要想让景深变小，可以试试把（　　　）调大。

（4）这款屏幕的（　　　）不高，我建议你买其他的。

（5）A：您好，请问有什么可以帮您？

　　　B：我的眼镜脏了，看东西特别（　　　），你能帮我洗洗吗？

📖 课文二　在公园

（安雄和妮娜在青龙湖公园拍摄外景）

妮　娜：这儿的景色真不错，我们就在这拍吧？

安　雄：好啊，这里有湖，有花，还能看到桥，很合适。我先用三脚架固定好镜头。

妮　娜：你看这样构图怎么样？

安　雄：可以把光圈调大点儿，这样景深小一点，可以让主体更突出，构图也更简洁，美观。

妮　娜：嗯，听你的。

安　雄：但是要检查对焦，老师说景深小很容易虚焦。

妮　娜：差点忘了，幸好你提醒我。

安　雄：我们再拍一个远景吧，把桥和后面的小山都拍下来。

妮　娜：那我把光圈调小一些。

安　雄：还可以把对焦位置放在远处，这样拍出来景深更大，清晰度也更高。

美观	měi guān ; *adj.* ; beautiful	提醒	tí xǐng ; *v.* ; to remind
差点	chà diǎn ; *adv.* ; also	对焦位置	duì jiāo wèi zhì ; focus position
幸好	xìng hǎo ; *adv.* ; fortunately		

▎注释

听你的

表示同意别人的想法和观点，愿意按照别人说的做。

例子：

（1）A：这款电脑是最新的，虽然贵了点，但是功能非常棒，推荐你买。

B：嗯，听你的，就买这款吧。

（2）A：明天要去的地方安排好了吗？到底去公园还是购物中心？

B：听你的，我去哪儿都可以。

练一练

1. 用所给汉字完成词语

> 点 观 位 置 幸 醒

美（ ）　　差（ ）　　（ ）好　　提（ ）　　对焦（ ）

2. 选择合适的词语完成句子

> A 幸好　B 美观　C 差点　D 提醒　E 对焦位置

（1）儿子出门的时候记得（ ）他带好书和笔，他总是忘带东西。

（2）如果你想要景深大一些，可以试试把（ ）放在远处。

（3）刚才差点走错教室，（ ）你告诉我。

（4）这次的设计要比上一次的（ ）很多。

（5）那个人太像我朋友了，我（ ）认错人了。

3. 根据课文回答问题

（1）什么是"景深"？

（2）想要调小景深，有哪些方法？

（3）安雄提醒妮娜调景深的时候要注意什么？

4. 说一说

平时拍摄照片或视频时，你会注意调镜头的景深吗？你一般什么时候用小景深？什么时候用大景深？

拓展阅读

景深的运用

　　拍摄视频或者图片时，拍摄者如果能够合理地**运用**景深技巧，则可以拍出想要的效果。利用景深**虚化**前景和后景，能够让画面变得简洁，突出拍摄主体。拍摄电影时，景深的切换不仅可以让观众注意到镜头中不同的**重点**，还能增加戏剧性。但**初学者**要注意，不要**过度**使用小景深的镜头，一是因为小景深在拍运动镜头时容易虚焦，二是如果在不合适的场景中使用小景深，会让画面看起来过于模糊。

前景虚化　　　　　　　　背景虚化

1. 运用　　yùn yòng；*v.*；use
2. 虚化　　xū huà；*v.*；to blur
3. 重点　　zhòng diǎn；*n.*；focal point
4. 初学者　chū xué zhě；*n.*；beginner
5. 过度　　guò dù；*adj.*；excessive；over the limit

第七课　镜头运动（一）

📖 课文一　给一个脸部特写

（导演在跟摄影师讨论**运动摄影**）

导　演：这是一个**长镜头**，要先**俯拍**演员，再**仰拍**。

摄影师：需要**特写**镜头吗？

导　演：需要。最后**推近**，给一个脸部特写。

摄影师：我觉得推近的**节奏**可以快一点儿。

导　演：不行，一定要慢。这个镜头是为了表现演员很难过，应该让观众慢慢看清楚演员的**表情**。

运动摄影	yùn dòng shè yǐng；moving picture	特写	tè xiě；n.；close-up shot
长镜头	cháng jìng tóu；n.；long shot	推近	tuī jìn；v.；dolly/push in
俯拍	fǔ pāi；v.；high-angle shot	节奏	jié zòu；n.；pace
仰拍	yǎng pāi；v.；low-angle shot	表情	biǎo qíng；n.；facial expression

练一练

1. 用所给汉字完成词语

| 情 仰 近 节 镜头 俯 特 |

（　）奏　　　　（　）拍　　　　推（　）　　　　（　）写

表（　）　　　　（　）拍　　　　长（　）

2. 选择合适的词语完成句子

| A 推近　B 节奏　C 特写　D 表情　E 仰拍　F 长镜头 |

（1）这部电影的（　　）很慢，但是故事很有趣。

（2）有的导演很喜欢用（　　），这样可以表现他的拍摄技巧。

（3）演戏的时候，演员的（　　）非常重要，它可以让观众明白人物的
　　 感受。

（4）（　　）是镜头向上的拍摄方法。

（5）这是一个（　　）镜头，镜头需要（　　）一点。

📖 课文二　斯坦尼康

王老师：同学们看，这个机器是摄像机稳定器，叫斯坦尼康。它可以让拍摄
　　　　的画面更稳定。

李明明：老师，拍摄的时候，稳定器应该拿在手上还是放在地上？

王老师：一般是需要手持使用。稳定器还可以升镜头和降镜头，像一个小摇
　　　　臂一样。

安　雄：什么时候应该用稳定器呢？

王老师：一般是拍运动镜头的时候，特别是需要跟拍的时候。大家可以看
　　　　看《洛奇》（Rocky）和《闪灵》（The Shining）这两部电影。这是
　　　　两部最早用稳定器拍摄的电影。

机器	jī qì；n.；machine	手持拍摄	shǒu chí pāi shè；Hand-held Camera
稳定器	wěn dìng qì；n.；Steadicam	跟拍	gēn pāi；v.；following shot
稳定	wěn dìng；n.；steady	升	shēng；v.；crane up
摇臂	yáo bì；n.；rock arm	降	jiàng；v.；crane down

《洛奇》海报

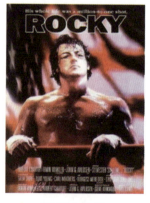

《闪灵》海报

注释

《洛奇》

美国著名电影，西尔维斯特·史泰龙主演。主要讲述了一个业余拳击手（Rocky）和拳王比赛的故事。电影1976年在美国上映，获得了当年的奥斯卡最佳影片奖。

《闪灵》

导演斯坦利·库布里克的作品。这部电影是知名恐怖片之一。电影于1980年在美国上映。

练一练

1. 用所给汉字完成词语

器 臂 跟 机 稳

摇（　　）　　　（　　）器　　　稳定（　　）　　　（　　）定　　　（　　）拍

2. 选择合适的词语完成句子

A 摇臂　B 稳定　C 跟拍　D 机器　E 手持拍摄

（1）（　　　）就是摄像机跟着画面主体拍摄。

（2）学摄影需要用很多不同的（　　　），如摄像机、稳定器和摇臂等。

（3）斯坦尼康的作用是可以让拍摄的画面更（　　　）。

（4）（　　　）可以帮助我们拍摄升镜头和降镜头。

（5）如果想让拍摄的镜头看起来更真实，可以选择（　　　）。

3. 根据图片，写出下列摄影器材的名称，并说说这两个器材有什么不同的作用。

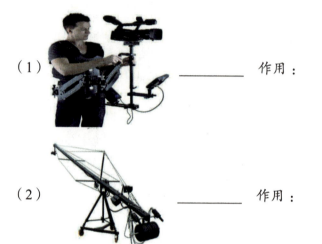

（1） ＿＿＿＿＿ 作用：

（2） ＿＿＿＿＿ 作用：

▍练习

1. 根据课文回答问题

（1）为什么导演说镜头推近的节奏应该慢一点？

（2）斯坦尼康的作用是什么？

2. 说一说

（1）除了推近以外，你还知道哪些运动摄影的方式？

（2）你喜欢电影里的长镜头吗？说说你最喜欢的长镜头用了哪些拍摄方法。

▌补充词汇

1. 拉镜头　lā jìng tóu；*n.*；zoom out
2. 摇镜头　yáo jìng tóu；*n.*；panning
3. 甩　　　shuǎi；*n.*；rotating
4. 跟镜头　gēn jìng tóu；*n.*；follow shot

▌拓展阅读

移动摄影的发明

　　1896 年，一位摄影师去意大利旅游。他在**威尼斯**的一条船上看着河岸两边的风景，有了一个有趣的想法：如果摄像机可以拍运动的物体，那能不能用运动的摄影机拍不动的**物体**呢？**后来**，他用这种方法拍摄了一部影片。从那以后，越来越多的人开始用这种方法拍电影。这位摄影师叫普罗米奥，被认为是移动摄影**发明人**。

威尼斯

1. 移动　yí dòng ; *v.* ; moving
2. 威尼斯　wēi ní sī ; *n.* ; Venice
3. 岸　àn ; *n.* ; river bank
4. 物体　wù tǐ ; *n.* ; object
5. 后来　hòu lái ; *adv.* ; afterwards
6. 发明　fā míng ; *v.* ; invent

第八课　镜头运动（二）

📖 课文一　固定镜头和移动镜头

王老师：今天我们谈一谈**固定镜头**和**移动镜头**。

安　雄：老师，"固定"是"不动"的意思吗？

王老师：是的。拍固定镜头的时候，**机位**和**焦距**都不变。这样的镜头让人感觉稳定、平静。

轨道车

米　拉：那么演员可以动吗？

王老师：当然可以，只是镜头不动。

安　雄：那移动镜头就是人扛着摄像机拍摄，是吗？

王老师：对了一半。有时候是人扛着拍，有时候是将摄像机放在**轨道车**或者其他运动的物体上拍。

米　拉：除了轨道车，还有什么呢？

王老师：**摄像车**和摇臂等。

固定镜头	gù dìng jìng tóu; n.; fixed shot	焦距	jiāo jù; n.; focus
移动镜头	yí dòng jìng tóu; n.; moving shot	扛	káng; v.; carry on the shoulder
		轨道车	guǐ dào chē; n.; dolly
机位	jī wèi; n.; camera stand	摄像车	shè xiàng chē; n.; camera truck

练一练

1. 用所给汉字完成词语

轨道　位　摄像　固定　镜头　焦

（　　）镜头　　　（　　）距　　　　（　　）车

移动（　　）　机（　　）

2. 选择合适的词语完成句子

A 焦距　B 轨道车　C 机位　D 扛　E 固定镜头

（1）一个电影镜头常常需要多个（　　　）同时拍摄完成。

（2）如果想让拍摄的运动画面更稳定，还可以选择（　　　）。

（3）发现画面不清晰时，可以试试调一下镜头的（　　　）。

（4）A：你肩上（　　　）着的是什么机器？摄像机吗？

　　　B：不是，是稳定器。

📖 课文二　这个镜头应该是动态的

（安雄和米拉在完成课后拍摄作业）

米　拉：安雄，我觉得这个镜头不太好，要重拍。

安　雄：为什么呢？

米　拉：这个镜头应该是**动态**的，但这个镜头拍得太**静**了。

安　雄：你想怎么拍？

米　拉：我们试试不用**三脚架**，用手持摄影的方法在演员的背后跟拍，这样可以让人觉得更真实。我们还可以把**自动对焦**关了，用**手动**对焦来让人物更加突出。

安　雄：你这个想法不错，我们试试吧！

动态	dòng tài ; *adj.* ; dynamic	自动对焦	zì dòng duì jiāo ; automatic focus
静	jìng ; *adj.* ; quiet, steady	手动对焦	shǒu dòng duì jiāo ; manual focus
三脚架	sān jiǎo jià ; *n.* ; tripod		

▍练一练

1. 用所给汉字完成词语

架　手　动　态

（　）动　　　　自（　）　　　　动（　）　　　　三脚（　）

2.选择合适的词语完成句子

> A 静　B 自动　C 三脚架　D 动态　E 手动

（1）明天我们要去拍外景，记得带好摄像机和（　　）。

（2）现在的相机都有（　　）对焦的功能，不用（　　）对焦。

（3）移动镜头是为了突出画面的（　　）美。

（4）如果你想让画面看起来（　　）一点儿，可以用固定镜头拍摄。

3.根据图片，写出下列摄影器材的名称，并说说这三个器材有什么不同的作用。

（1）　　　　　　　　＿＿＿＿＿＿　作用：

（2）　　　　　　　　＿＿＿＿＿＿　作用：

（3）　　　　　　　　＿＿＿＿＿＿　作用：

▌ 练习

根据课文回答问题

（1）什么是固定镜头？什么是移动镜头？

（2）拍摄移动镜头可以用什么机器？

（3）米拉为什么觉得这个镜头不好？她想怎么拍？

▌ 补充词汇

1. 高速摄影　　gāo sù shè yǐng；high-speed photography
2. 延时摄影　　yán shí shè yǐng；time-lapse photography

▌ 拓展阅读

运动镜头拍摄

　　镜头运动是一种通过灵活运用摄像机镜头，捕捉运动中的动感，让镜头更**生动**的拍摄方式。在拍摄时，可以通过调整镜头焦距，使镜头一直对焦在运动主体上。这样可以拍到运动过程中主体清晰的**瞬间**，适用于拍摄奔跑、**跳跃**等快速移动的场景。

　　有时，摄像师会选择**手持**跟拍的方式，让镜头跟随主体运动，这样拍出来的画面更有真实感。为了让镜头不要过于**晃动**，需要稳定器或者轨道车的帮助，让画面看起来更稳定。

　　即使在镜头不移动的情况下，摄像师也有办法让镜头有动感。比如，水平方向上左右摇动镜头，会改变镜头的**视角**，让观众看到更丰富的画面。

第八课　镜头运动（二）

拍摄运动镜头

1. 生动　shēng dòng ; *adj.* ; vivid

2. 瞬间　shùn jiān ; *n.* ; moment

3. 跳跃　tiào yuè ; *v.* ; leap

4. 手持　shǒu chí ; *v.* ; handheld

5. 晃动　huàng dòng ; *v.* ; shake

6. 水平　shuǐ píng ; *adj.* ; horizontal

7. 视角　shì jiǎo ; *n.* ; perspective

第九课 轴线原则（一）

📖 课文一 三种轴线

王老师：同学们，今天我们来学习一条很
重要的线——**轴线**。

李明明：老师，"轴线"是什么线？

王老师："轴线"其实并不真的存在，它是
人们**想象**出来的一条线。（王老师拿出一幅机位图）

王老师：大家看，这条线就是轴线，在拍摄角色 A 的时候，就要把所有机
位放在红线的同一**侧**，这样才能**保持空间感**的**一致性**。

子　杰：怎么知道轴线在哪里？

王老师：问得好！轴线**分为**三种：**方向轴线**、**运动轴线**、**关系轴线**。我先说
方向轴线。角色不动时，角色的**视线**就是方向轴线。

轴线	zhóu xiàn ; n. ; imaginary line	方向轴线	fāng xiàng zhóu xiàn ; n. ; line of direction
想象	xiǎng xiàng ; v. ; imagine		
侧	cè ; n. ; side	运动轴线	yùn dòng zhóu xiàn ; n. ; line of action
保持	bǎo chí ; n. ; keep		
空间感	kōng jiān gǎn ; n. ; sense of space	关系轴线	guān xì zhóu xiàn ; n. ; relational line
一致性	yī zhì xìng ; n. ; consistency	视线	shì xiàn ; n. ; camera truck
分为	fēn wéi ; v. ; divide into		

▍语法

动词后面加 "出来"

动词后面加 "出来"，表示从无到有，或者从不明白到明白的过程。

例子：

1. 爸爸做出来的菜都很好吃。（以前没有，现在有了）

2. 我知道这首歌是明明唱的，我听出来他的声音了。（以前不知道，现在
   知道了）

3. 为了写这个故事，她想象出来了一个新角色。（以前没有，现在有了）

▍练一练

1. 用所给汉字完成词语

> 空间　轴　性　持　关系　轴线

（　　）线　　　　　　　保（　　）　　　　　　　（　　）轴线

（　　）感　　　　　　　方向（　　）　　　　　　一致（　　）

2. 选择合适的词语完成句子

> A 保持　B 轴线　C 想象　D 分为　E 侧

（1）今天老师讲的课可以（　　）两部分，一部分是复习，另一部分是新
　　　知识。

（2）教室的左（　　）放着一个垃圾桶。

（3）（　　）是一条想象出来的线，实际上并不存在。

（4）张丽丽每天都在（　　）自己以后的美好生活。

（5）要想有个健康的身体，（　　）良好心态很重要。

📖 课文二　运动轴线和关系轴线

米　拉：老师，运动轴线是什么呢？

王老师：运动轴线是指画面中的主体运动时，主体和**目标**之间的线。如果拍角色 B 从这里走到门口，那么角色 B 和门之间的这条线就是轴线。

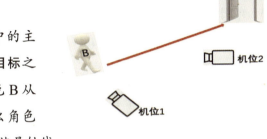

机位2

机位1

安　雄：简单地说，运动轴线就是主体运动的**路线**。

王老师：说得很好！所以运动轴线不一定是**直线**，也可以是**曲线**。

王老师：最后一种轴线叫关系轴线，当两个角色对话时，两个角色之间的这条线就叫关系轴线。关系轴线主要是用来突出每个角色的位置**关系**。

目标	mù biāo；*n.*；target	曲线	qǔ xiàn；*n.*；curve
路线	lù xiàn；*n.*；path, route	位置关系	wèi zhì guān xì；
直线	zhí xiàn；*n.*；straight line		location relationship

▌练一练

1. 用所给汉字完成词语

关	系	标	曲	路

目（　　）　　　（　　）线　　　位置（　　）　　　线（　　）

2. 选择合适的词语完成句子

A路线　B直线　C位置关系　D目标

（1）这几条（　　　）代表什么意思？谁能告诉我？

（2）明天旅游的（　　　）选好了吗？

（3）学习一定要有一个（　　　），不然你会觉得自己没有进步。

（4）你知道这两个物体之间的（　　　）吗？

3. 根据图片，匹配正确的词语。

直线、曲线、轴线、视线、路线

 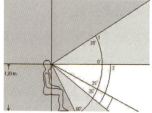 

（1）_____　　_____　　_____

4. 说一说，下面这些图里有什么轴线？

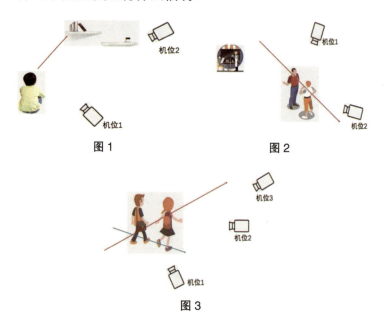

图 1　　　　　　　图 2

图 3

5. 根据课文回答问题

（1）轴线有哪几种？

（2）拍电影的时候要注意什么？

（3）什么是关系曲线？

▍拓展阅读

轴线原则

轴线原则又叫"180度准则"。**通常情况下**，导演在**场面调度**时都会注意把摄像机安排在轴线的同一侧，**以免**观众弄不清楚角色间的位置关系，出现方向上的**混乱**。但是这个原则也不是必须的，如在拍摄**战争场面**时，导演会**故意违反**轴线原则，让观众看到一些方向混乱的镜头。这会让观众感到不安，从而更能**理解**电影中人物的感受。

战争场面

1. 原则　　　　　yuán zé ; *n.* ; rule/principle

2. 180 度　　　　180 dù ; 180 degree

3. 通常情况下　　tōng cháng qíng kuàng xià ; normally

4. 场面调度　　　chǎng miàn diào dù ; *v.* ; block/mise-en-scene

5. 以免　　　　　yǐ miǎn ; *v.* ; avoid

6. 混乱　　　　　hùn luàn ; *n.* ; to award

7. 遵守　　　　　zūn shǒu ; *v.* ; obey, follow

8. 战争场面　　　zhàn zhēng chǎng miàn ; *n.* ; scene of war

9. 故意　　　　　gù yì ; *adv.* ; deliberately

10. 违反　　　　　wéi fǎn ; *v.* ; violate

11. 理解　　　　　lǐ jiě ; *v.* ; understand

第十课　轴线原则（二）

📖 课文一　越轴

苏　朋：王老师，我有一个问题。我发现
　　　　有的电影镜头并不遵守轴线原则。

王老师：对，当需要创造新的空间关系，
　　　　或者需要让镜头看起来更丰富
　　　　时，就会让镜头越过轴线，这
　　　　叫"越轴"。

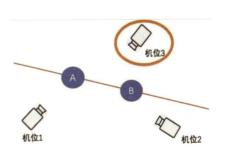

子　杰：但是"越轴"不是会让观众感觉方向混乱吗？

王老师：所以要有技巧地越轴。例如，可以利用镜头的运动越轴，也可以
　　　　利用主体的运动越轴。

苏　朋：老师，可以举例吗？

王老师：比如，当一个主体的视线从镜头的左边换到右边的时候，镜头就
　　　　可以顺着角色的视线完成越轴。这样的越轴看起来很自然，不突
　　　　兀，叫合理越轴。

创造	chuàng zào；v.；create	举例	jǔ lì；v.；give an example
越过	yuè guò；v.；cross	顺着	shùn zhe；v.；go along
越轴	yuè zhóu；cross the line of action	合理	hé lǐ；adj.；reasonable
混乱	hùn luàn；n.；chaos	突兀	tū wù；adj.；unexpected
利用	lì yòng；v.；make use of		

语法

动词后面加"起来"

动词后面加"起来"，可以表示"做某事感觉怎么样"。

例子：

（1）这块蛋糕吃起来很甜。（吃的感觉）

（2）他新买的车开起来特别快。（开车的感觉）

（3）刚才那个声音听起来像林老师。（听的感觉）

练一练

1. 用所给汉字完成词语

举 用 创 混 兀 过 顺

利（　）　　（　）例　　（　）乱　　突（　）

（　）造　　越（　）　　（　）着

2.选择合适的词语完成句子

A 顺着　B 混乱　C 越过　D 利用　E 创造

（1）大家排队的时候请不要（　　）这条黄线。

（2）他常常（　　）做饭的时间听自己喜欢的歌曲。

（3）在这个镜头里，导演故意多次越轴，让观众有一种（　　）的感觉。

（4）你（　　）这条路一直走 5 分钟就到电影院了。

（5）越轴是为了（　　）新的空间关系。

📖 课文二　强行越轴

王老师：越轴的方法还有很多，如还可以利用**主观镜头**和**中性镜头**越轴，让越轴看起来不突兀。

李明明：看来轴线原则也不是**绝对**的。

王老师：有时候导演也会**强行**越轴。

米　拉：老师，强行越轴是什么意思？

王老师：就是不用技巧，直接越轴。

李明明：**通常**什么时候会需要强行越轴？

王老师：一般是在导演要表达特别的**情绪**，或者突出人物关系的时候。强行越轴可以让电影更戏剧化。

主观镜头	zhǔ guān jìng tóu ; *n.* ; subjective shot	强行	qiáng xíng ; *v.* ; force to
中性镜头	zhōng xìng jìng tóu ; *n.* ; neutral shot	通常	tōng cháng ; *adv.* ; often ; usually
绝对	jué duì ; *adj.* ; absolute	情绪	qíng xù ; *n.* ; emotion

▌注释

主观镜头

利用电影中角色的视线拍摄的镜头。让观众用电影中某个角色的视野去看正在发生的事情。

中性镜头

没有明显空间关系的镜头。越轴时常常用中性镜头来过渡，以使越轴看起来不突兀。

练一练

1. 用所给汉字完成词语

常　情　行　主观　镜头　对

（　）绪　　　　　　　　（　）镜头　　　　　　　中性（　）

通（　）　　　　　　　　强（　）　　　　　　　　绝（　）

2. 选择合适的词语完成句子

A情绪　B强行　C主观镜头　D通常　E绝对

（1）书店（　　）下午六点开门，不知道为什么今天四点就关门了。

（2）拍电影没有（　　）的原则，我们需要勇敢地尝试不同的拍摄方法。

（3）这个镜头表达了演员悲伤的（　　），非常感人。

（4）有时候，导演为了突出戏剧化，会故意（　　）越轴。

（5）（　　）是利用电影中角色的视线拍摄的镜头。

3. 用简单的语言解释下列词语

（1）合理越轴：

（2）强行越轴：

4. 根据课文回答问题

（1）合理越轴有哪些方法？

（2）为什么导演有时候会强行越轴？

（3）你拍视频的时候会"强行越轴"吗？你为什么会选择"强行越轴"？

第十课　轴线原则（二）

063

拓展阅读

越轴的方法

越轴的方法有很多，总的来说可以分为两类：一类是利用主体的运动越轴。当主体从一个位置运动到另一个**位置**的时候，便创造出一条新的轴线，这个时候就可以利用新的轴线关系完成越轴。另一类是利用镜头的运动越轴。镜头的运动可以让画面变得更动态，这时候越轴会更自然。有时候也可以通过**切换**镜头越轴，如在两个越轴镜头中间加一个中性镜头或**特写镜头**，这样越轴就不会让人感到突兀。

1. 类　　　　　lèi；*n.*；class/type

2. 位置　　　　wèi zhì；*n.*；position

3. 切换　　　　qiē huàn；*v.*；switch

4. 特写镜头　　tè xiě jìng tóu；*n.*；close-up shot

第十一课 手动对焦

📖 课文一　手动对焦

苏　朋：老师，我还是不太会手动对焦。您帮我看看，行吗？

王老师：行啊，你给我**演示**一遍。我帮你找找问题。

苏　朋：我先固定好镜头，然后切换到手动对焦。

王老师：接下来呢？

苏　朋：再打开镜头**放大**功能，找到需要放大的位置。

王老师：对，然后用**变焦环**慢慢**调整**焦距。

变焦环

苏　朋：是这样吗？

王老师：你太着急了，要慢慢地转，直到画面**足够清晰**……好了，可以了。

苏　朋：现在就可以开始**录制**了吗？太好了！

王老师：等等，先关掉放大功能，回到正常**显示**比例。

演示	yǎn shì；v.；demonstrate	足够	zú gòu；adv.；enough
放大	fàng dà；v.；enlarge	清晰	qīng xī；adj.；clear
变焦环	biàn jiāo huán；n.；zoom ring	录制	lù zhì；v.；record
调整	tiáo zhěng；v.；adjust	显示	xiǎn shì；v.；show/display
		比例	bǐ lì；n.；proportion/ scale

练一练

1. 用所给汉字完成词语

| 整 清 显 例 环 够 制 |

变焦（　　）　　　　　（　　）示　　　　　调（　　）　　　　　（　　）晰

录（　　）　　　　　比（　　）　　　　　足（　　）

2. 选择合适的词语完成句子

| A 显示　B 调整　C 放大　D 比例　E 清晰　F 演示 |

（1）画面上的人物看不清，可以把它（　　　）一些。

（2）这个模型是按 1 : 16 的（　　　）设计的。

（3）为了让大家能（　　　）地看到这幅画，老师把画挂在了墙上。

（4）上次讨论的计划有点儿问题，需要再（　　　）一下。

（5）明天下午的课张师傅会给大家（　　　）怎么用这款软件。

（6）他的电脑不小心进了水，现在没法（　　　）画面。

3. 根据课文一回答问题

（1）变焦环的功能是什么？

（2）苏朋的问题出在哪儿？

4. 根据课文内容排序

怎么用相机手动对焦？

A. 打开相机放大功能，找到需要放大的位置。

B. 固定好镜头。

C. 切换到手动对焦。

D. 调整变焦环，直到画面清晰。

E. 回到正常比例，开始录制。

📖 课文二　变焦镜头

王老师：同学们在拍**变焦镜头**的时候一定要注意，调整好焦距后再拍摄，**不然**镜头推近后会发现画面变得不清楚了。

安　雄：老师，你看我这样拍对吗？

王老师：不错，镜头推近的**速度**和节奏都很好，但是没有落幅。

安　雄：什么是落幅？

王老师：一个**完整**的变焦镜头有三部分：**起幅**、运动和落幅。起幅是指镜头变焦距前要先拍一段固定画面，这段固定画面被称为起幅画面。落幅是指镜头运动**结束**后，需要**停留**一**段**时间再结束拍摄。

妮　娜：老师，就是说拍完运动镜头后不能马上停，要再等一下是吗？

王老师：对，是这个意思。这样可以让观众看清楚你要拍摄的**重点**，也方便后期剪辑。

变焦镜头	biàn jiāo jìng tóu；zoom lens		起幅	qǐ fú；*n.*；starting shot
焦距	jiāo jù；*n.*；focal length		结束	jié shù；*v.*；over/finish
不然	bù rán；*conj.*；otherwise		停留	tíng liú；*v.*；remain/stay
落幅	luò fú；*n.*；ending shot		段	duàn；*m.*；a period of
完整	wán zhěng；*adj.*；complete		重点	zhòng diǎn；*n.*；emphasis/focal point

▌注释

就是说……

It means that... 常用在口语中，表示进一步解释说话人要表达的意思。

例子：

（1）期末考试的时间是下周六，就是说我们只有5天时间准备考试了。

（2）图书馆下午6点关门，就是说只能明早再去借书了。

（3）A：刚刚苏朋打电话说他下午不跟我们去公园了。

　　　B：就是说只有我们两个去了。

是这个意思

It does means that... 常用在口语中，强调这就是说话人要表达的意思和想法。

例子：

（1）A：你是说我们明天可以早点出发，以免遇到堵车，是吗？

　　　B：是这个意思。

练一练

1. 用所给汉字完成词语

落　距　留　幅　镜头

停（　　）　　（　　）幅　　变焦（　　）　　焦（　　）　　起（　　）

2. 选择合适的词语完成句子

A 停留　B 落幅　C 变焦镜头　D 焦距　E 段

（1）（　　）是指运动镜头结束前的镜头。

（2）运动镜头结束前，一般需要画面主体再（　　）一会儿。

（3）拍摄前一定要先调整好镜头的（　　）。

（4）最近太忙了，我想等过一（　　）时间再去旅游。

（5）一个完整的（　　）分为起幅、运动和落幅三个部分。

3. 根据课文二回答问题

（1）王老师说拍摄变焦镜头的时候应该注意哪些？

（2）安雄拍摄的变焦镜头问题在哪儿？

（3）完整的变焦镜头应该有哪三个部分？

4. 说一说

你拍过变焦镜头吗？你觉得拍摄变焦镜头的时候需要注意什么？和同学们分享一下你的想法。

▎拓展阅读

手动对焦的优势

尽管自动对焦技术在摄影领域取得了巨大进步，但在一些特殊情况下，手动对焦依然是很多摄影师的选择。比如，在**光线**不足的环境中，自动对焦系统可能会变得**迟钝**或者无法正常工作，而手动对焦能使摄影师拍出清晰的照片。或者当场景中有许多**焦点**或者复杂的背景时，自动对焦**系统**可能无法准确**捕捉**摄影师想要突出的主体。手动对焦允许摄影师有更大的控制权，**确保**焦点准确。在拍摄运动场景时，摄影师可能更愿意通过手动对焦来控制焦点，以避免自动对焦系统在运动拍摄中失去焦点。

手动对焦

1. 光线　　guāng xiàn ; *n.* ; light
2. 迟钝　　chí dùn ; *adj.* ; dull
3. 焦点　　jiāo diǎn ; *n.* ; focus
4. 系统　　xì tǒng ; *n.* ; system
5. 捕捉　　bǔ zhuō ; *v.* ; capture
6. 确保　　què bǎo ; *v.* ; ensure

第十二课　后期制作（一）

📖 课文一　剪辑（1）

王老师：有没有同学能告诉我，当拍完影片**所有**的镜头后，**接下来**应该做什么？

安　雄：那当然是剪片子啦。

王老师：是的，"剪片子"也可以说是**剪辑**。那有谁能告诉我剪辑需要做什么？

米　拉：剪辑就是把拍摄的素材重新**组合**。

张　艺：我觉得不光要组合，还要剪掉**多余**的镜头，只留下最精彩的**部分**。

王老师：大家都说得很好！剪辑之前，先要**整理**素材，然后**按照**先后顺序组合每个镜头，再剪掉不需要的部分。大家注意，剪辑不光**包括**视频剪辑，还包括声音的剪辑和**音效**的剪辑。

剪辑

所有	suǒ yǒu ; *adj.* ; all	部分 bù fēn ; *n.* ; part
接下来	jiē xià lái ; next	整理 zhěng lǐ ; *v.* ; collect
片子	piān zī ; *n.* ; film/video	按照 àn zhào ; according to
剪辑	jiǎn jí ; *v.* ; film-editing	顺序 shùn xù ; *n.* ; sequence/order
组合	zǔ hé ; *v.* ; combine	包括 bāo kuò ; *v.* ; include
光	guāng ; *adv.* ; only	音效 yīn xiào ; *n.* ; sound effect
多余	duō yú ; *adj.* ; extra	

练一练

1. 用所给汉字完成词语

合 理 部 余 辑 顺 括

多（　　） 　　 剪（　　） 　　 （　　）序 　　 包（　　）

整（　　） 　　 组（　　） 　　 （　　）分

2. 选择合适的词语完成句子

A 顺序　 B 剪辑　 C 组合　 D 整理　 E 包括　 F 按照　 G 接下来

（1）你的房间怎么这么混乱？有空的时候记得（　　）一下。

（2）如果你不知道怎么去电影院，可以（　　）手机地图的方向走。

（3）剪片子也可以叫（　　），就是把拍好的镜头按照（　　）放在一起。

（4）我认为这两种颜色（　　）起来会更好看一些，你觉得呢？

（5）这学期有 7 门课，（　　）语言课和专业课。

（6）A：这门课终于考完了，昨晚我都没睡好。

　　　B：别高兴得太早，（　　）还有两门考试呢！

📖 课文二　蒙太奇

安　雄：张艺，今天我在海报上看到一个**奇怪**的词语，叫"**蒙太奇**"，这是
　　　　个人名吗？

张　艺："蒙太奇"不是人名，是一种创作**手法**，就是把两个镜头组合在一
　　　　起，观众就会有自然的**联想**。

安　雄：我不太明白。

张　艺：比如，前一个镜头是一个人站在路边，下一个镜头是绿灯亮了。
　　　　你会想到什么？

安　雄：他要过马路了。

张　艺：对。导演不需要拍完每一个镜头，只需要几个**关键**的镜头组合在
　　　　一起，你就会明白**整**件事情。

安　雄：我知道了，这就是"montage"！**怪不得**听起来这么熟悉。

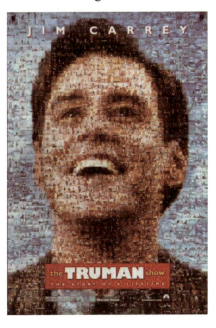

奇怪	qí guài；*adj.*；strange/weird	关键	guān jiàn；*adj.*；important/key
蒙太奇	méng tài qí；*n.*；montage	怪不得	guài bù dé；no wonder
手法	shǒu fǎ；*n.*；techniques	熟悉	shú xī；*adj.*；familiar
联想	lián xiǎng；*v.*；think of		

练一练

1. 用所给汉字完成词语

熟　联　键　法　怪　蒙

关（　　）　　　　　　（　　）悉　　　　　　手（　　）

（　　）太奇　　　　　　奇（　　）　　　　　　（　　）想

2. 选择合适的词语完成句子

A 关键　B 熟悉　C 手法　D 联想　E 怪不得

（1）他刚来北京的时候，还不（　　　）这个城市。

（2）张明最近一直在找工作，（　　）常常看不到他。

（3）要想身体健康，最（　　　）的是要有好的生活习惯。

（4）蒙太奇是拍电影常用的创作（　　　）。

（5）同样的镜头按照不同的顺序组合，会让观众有不一样的（　　　）。

3. 根据课文回答问题

（1）剪辑需要做些什么？

（2）"剪辑"包括什么？

（3）什么是"蒙太奇"？

拓展阅读

剪辑实验

一位剪辑师**曾**做过这样一个**实验**。首先，他拍摄了一个演员表情的特写镜头，然后把这个镜头**分别**和一碗汤的镜头、一张女尸的照片、一个女孩儿的笑脸剪辑在一起。剪辑师把剪辑好的镜头**放映**给观众看。观众说，他们看到了演员的**饥饿**、**恐惧**和父爱。可见，观众对演员同样的表演有了完全不同的感受。做这个实验的剪辑师叫库里肖夫。在他看来，演员的表演并不那么重要，只要把两个合适的镜头组合在一起，观众自己就会**产生**关于镜头的联想。

1. 曾　　céng；*adv.*；once/in the past
2. 实验　shí yàn；*n.*；experiment
3. 分别　fēn bié；*adv*；respectively
4. 尸　　shī；*n.*；corpse
5. 放映　fàng yìng；*v.*；show
6. 饥饿　jī'è；*n.*；hunger
7. 恐惧　kǒng jù；*n.*；terror；fear
8. 合　　hé；*v.*；combine/put together
9. 产生　chǎn shēng；*v.*；create/produce/generate

第十三课　后期制作（二）

📖 课文一　剪辑（2）

（下课了，妮娜在跟李明明聊天儿）

妮　娜：最近我剪片子的时候总是在想一个问题，什么样的剪辑是好剪辑？

李明明：在我看来，好剪辑首先应该**流畅**，要让观众不觉得你在剪辑，而是像看一个长镜头一样。**其次**应该注意镜头组合的**逻辑性**，要不断给观众新的信息。

妮　娜：可是怎么才能让剪辑看起来很连贯呢？

李明明：剪辑的时候可以用一些小技巧。比如，利用相似的物体**切换**镜头，或者利用**声画**的不同**步**切换镜头。

妮　娜：声画不同步？

李明明：对，就是声音和画面一个快一个慢。你可以在上一个镜头结束前**加入**下一个镜头里的声音，这样**转**到下一个镜头的时候，观众就不会觉得很突然。

妮　娜：嗯，这是个好办法！

流畅	liú chàng ; *adj.* ; smooth	切换	qiē huàn ; *v.* ; switch
其次	qí cì ; *pron.* ; second	声画	shēng huà ; sound and picture
逻辑性	luó jí xìng ; *n.* ; logicality	同步	tóng bù ; *n.* ; synchronization
断	duàn ; *v.* ; stop	加入	jiā rù ; *v.* ; add into
信息	xìn xī ; *n.* ; information	转	zhuǎn ; *v.* ; change

练一练

1. 用所给汉字完成词语

同	次	换	性	流	息	入

其（　）　　　　（　）畅　　　　（　）步　　　　逻辑（　）

切（　）　　　加（　）　　　信（　）

2. 选择合适的词语完成句子

A 流畅	B 同步	C 切换	D 逻辑	E 信息	F 加入

（1）如果你生活在大城市，每天你都能看到、听到不同的（　　　）。

（2）我想好好学习一下怎么更自然地（　　　）镜头。

（3）他说话不太有（　　　），所以大家常常不明白他想说什么。

（4）这部电影明年会在 16 个国家（　　　）上映。

（5）你如果在这里（　　　）一个镜头，会让故事变得更（　　　）。

📖 课文二　转场

王老师：拍摄一部电影需要很多不同的场景，从一个场景切换到另一个场景叫"**转场**"。大家知道哪些转场的方法呢？

苏　朋：我知道**叠化**。

米　拉：还有**淡入淡出**和**划变**。

王老师：对。你们说的都属于**技巧性转场**，也就是利用**特效**的转场。

安　雄：老师，还有别的转场方法吗？

王老师：有啊，除了利用特效转场，还可以利用镜头运动、**挡黑镜头**、**空镜头**等转场。这样的方法叫**无技巧转场**。

安　雄：老师，我觉得"无技巧转场"才更有技巧。

场景	chǎng jǐng ; *n.* ; scene	特效	tè xiào ; *n.* ; special effect
转场	zhuǎn chǎng ; *v.* ; transfer from one scene to another	挡黑镜头	dǎng hēi jìng tóu ; *v.* ; blocking shot
叠化	dié huà ; *v.* ; dissolve	空镜头	kōng jìng tóu ; *n.* ; scenery shot
淡入淡出	dàn rù dàn chū ; *v.* ; fade in/fade out	无技巧转场	wú jì qiǎo zhuǎn chǎng ; transfer without special effects
划变	huá biàn ; *v.* ; wipe		
属于	shǔ yú ; *v.* ; belong to		
技巧性转场	jì qiǎo xìng zhuǎn chǎng ; transfer with especial effects	才	cái ; *adv.* ; to indicate a tone of emphasize

练一练

1. 用所给汉字完成词语

特 化 场 划 于

叠（　　）　　　　　　　　　（　　）景　　　　　　　　　（　　）效

（　　）变　　　　　　　　　属（　　）

2. 选择合适的词语完成句子

A 场景　B 特效　C 属于　D 挡黑镜头　E 转场

（1）叠化、淡入淡出、划变都（　　　）技巧性转场。

（2）拍摄一部电影通常需要很多个不同的（　　　）。

（3）（　　　）是指从一个场景换到另一个场景。

（4）无技巧转场就是不使用（　　　）的转场方式。

（5）利用（　　　）转场是导演常用的技巧。

拓展阅读

战舰波将金号

　　1925年，苏联导演谢尔盖·爱森斯坦拍摄了一部名叫《战舰波将金号》的默片。虽然已经过去了近一百年，但这部电影**仍然**被认为是最**经典**电影之一。电影中最著名的场景叫"**敖德萨阶梯**"。这个6分多钟的场景由150多个镜头组成，导演利用景别、机位的不断变化，让观众真实地感受到了沙俄士兵的残忍和人民的恐惧，同时让影片的空间感得到了**延伸**。电影中对**重复镜头**和象征镜头的运用对后来的导演有很大的影响。

1. 默片　　　　　mò piàn ; *n.* ; silent film

2. 仍然　　　　　réng rán ; *adv.* ; still

3. 经典　　　　　jīng diǎn ; *adj.* ; classic

4. 敖德萨阶梯　　áo dé sà jiē tī ; *n.* ; The Odessa Steps

5. 沙俄　　　　　shā é ; *n.* ; Tsarist Russia

6. 延伸　　　　　yán shēn ; *v.* ; extend

7. 重复　　　　　chóng fù ; *adj.* ; repeated

第十四课　电影类型（一）

📖 课文一　泰坦尼克号

安　雄：老师，今天我看了一部电影，可好看了！

王老师：什么类型的电影呀？跟大家**分享**一下。

安　雄：《泰坦尼克号》，是一部**爱情片**，讲的是在一艘轮船上发生的爱情故事。

王老师：**原来**是它啊。对，这是一部非常**经典**的爱情电影，但其实也是一部**剧情片**、**灾难片**。

安　雄：为什么这么说呢？

王老师：说它是剧情片，是因为这部电影的故事是**根据**生活中的真实事件**改编**的。

安　雄：那灾难片呢？是因为轮船撞上了冰山，最后**沉没**了吗？

王老师：没错。在那次沉船的灾难中，男主角为了救女主角，**牺牲**了自己。

第十四课　电影类型（一）

类型	lèi xíng ; *n.* ; genre	灾难片	zāi nàn piàn ; *n.* ; disaster film
分享	fēn xiǎng ; *v.* ; share	根据	gēn jù ; *prep.* ; according to
爱情片	ài qíng piàn ; *n.* ; romance	改编	gǎi biān ; *v.* ; rearrange
原来	yuán lái ; *adv.* ; originally	沉没	chén mò ; *v.* ; sink
经典	jīng diǎn ; *adj.* ; classic	牺牲	xī shēng ; *v.* ; sacrifice
剧情片	jù qíng piàn ; *n.* ; drama		

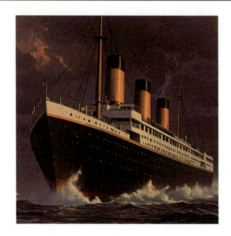

练一练

1. 用所给汉字完成词语

> 编　经　享　据　牲　来　类

分（　　）　　　改（　　）　　　（　　）型　　　原（　　）

牺（　　）　　　根（　　）　　　（　　）典

2. 选择合适的词语完成句子

> A 根据　B 剧情　C 改编　D 分享　E 牺牲　F 类型　G 灾难

（1）他的父亲是一位警察，在一次（　　）中（　　）了自己，救了一个
　　孩子。

（2）生活中，我们要学会与不同（　　）的人交流。

（3）（　　）我们的想法，我们对这首歌进行了（　　）。

（4）这本小说的（　　）真是太精彩了！我要把它（　　）给我的朋友们。

3.根据课文一回答问题

（1）文中谈到了哪些电影类型？

（2）请你说一说，什么是剧情片？

📖 课文二 《阿凡达》和《无间道》

王老师：上次安雄分享的电影《泰坦尼克号》，大家都去看了吗？

张　艺：电影的**结局**是个悲剧，我怕难过所以不**敢**看。

安　雄：那还是看喜剧吧，看完会让你心情愉快。

张　艺：**其实**我更喜欢**科幻片**，像《阿凡达》那样的。

王老师：明明，你呢？更喜欢哪种类型的电影？

李明明：我比较喜欢那种有**恐怖**、**紧张**剧情的电影。老师可以推荐这样的

经典电影给我吗？

王老师：这样看来，灾难片、**悬疑片**和**犯罪片**都是你喜欢的类型。你可以看

看《无间道》，是讲**警匪**关系的，剧情非常精彩！

李明明：好的。谢谢老师！

结局	jié jú ; *n.* ; ending	
敢	gǎn ; *aux.* ; be brave to	
其实	qí shí ; *adv.* ; actually	
科幻片	kē huàn piàn ; *n.* ; science fiction	
恐怖	kǒng bù ; *adj.* ; terrifying	
紧张	jǐn zhāng ; *adj.* ; nervous	
悬疑片	xuán yí piàn ; *n.* ; suspense film	
犯罪片	fàn zuì piàn ; *n.* ; crime film	
警匪	jǐng fěi ; cops and robbers	

▌练一练

1. 用所给汉字完成词语

推　怖　罪　实　局　紧

犯（　　）　　　（　　）荐　　　结（　　）

（　　）张　　　恐（　　）　　　其（　　）

2. 选择合适的词语完成句子

> A 紧张　B 结局　C 恐怖　D 推荐　E 其实　F 悬疑

（1）同学给我（　　）了一家很不错的饭馆，我准备跟父母一起去那儿吃饭。

（2）故事的（　　）跟我想的不太一样。

（3）大家都觉得我非常年轻，（　　）我已经快 50 岁了。

（4）考试的时候，因为我太（　　）了，写错了好几处。

（5）昨天看的（　　）电影真的太（　　）了，我一整晚没睡着。

3. 根据课文二回答问题

（1）看完喜剧，人的心情会变得怎么样？悲剧呢？

（2）灾难片、犯罪片、惊悚片和悬疑片有什么共同特点？

4. 课堂活动

请同学们说一说自己喜欢的电影类型，并分享一部该类型的电影。

▌拓展阅读

实验电影

实验电影，一般是指拍摄**风格**和制作方式与**主流**的商业片、**纪录片**有很大不同的影片，或者以一种新的视听语法、新的类型出现的影片。这种电影早期主要是用 16 毫米胶片拍摄，大部分没有**传统**的**叙事**情节，主要表现风格是**超现实主义**和**抽象主义**。

1. 实验电影　　　shí yàn diàn yǐng ; *n.* ; Experimental Film

2. 风格　　　　　fēng gé ; *n.* ; style

3. 主流　　　　　zhǔ liú ; *n.* ; main aspect

4. 纪录片　　　　jì lù piàn ; *n.* ; Documentary

5. 早期　　　　　zǎo qī ; *n.* ; early stage

6. 传统　　　　　chuán tǒng ; *adj.* ; traditional

7. 叙事　　　　　xù shì ; *n.* ; narrative

8. 超现实主义　　chāo xiàn shí zhǔ yì ; *n.* ; surrealism

9. 抽象主义　　　chōu xiàng zhǔ yì ; *n.* ; abstractionism

艺术汉语

影视篇

第十五课　电影类型（二）

📖 课文一　成龙的电影

（上课前，同学们在教室里聊天儿）

苏　朋：米拉，你了解中国的电影演员吗？

米　拉：那当然了，我从小就是个中国迷，你听说过成龙吗？我特别**崇拜**他。

苏　朋：听说过，他会中国**功夫**，对吧？

米　拉：对对对。他是有名的**国际巨星**，他主演的**动作**片《宝贝计划》、**冒险**片《飞鹰计划》都是我喜欢的，**百看不厌**。

子　杰：我也知道他。我和家人一起看过他演的**古装片**《神话》，是根据中国的**神话**故事改编的，每一帧画面都美极了！

崇拜	chóng bài；v.；worship	冒险	mào xiǎn；n.；adventure
功夫	gōng fū；n.；Kungfu	百看不厌	bǎi kàn bù yàn；never tired of seeing
国际	guó jì；adj.；international		
巨星	jù xīng；n.；superstar	古装片	gǔ zhuāng piàn；costume film
动作	dòng zuò；n.；action	神话	shén huà；n.；myth

练一练

1. 用所给汉字完成词语

| 神　拜　作　古　夫　险 |

冒（　　）　　　　　　崇（　　）　　　　　　（　　）话

动（　　）　　　　　　功（　　）　　　　　　（　　）装

2. 选择合适的词语完成句子

| A 国际　B 百看不厌　C 崇拜　D 动作　E 功夫 |

（1）今年学校安排了很多（　　　）活动，让同学们有机会去不同的国家交流学习。

（2）你这个（　　　）做得不太标准，还要再多练习几次。

（3）我听说中国人都会（　　　），是真的吗？

（4）他是我最喜欢的演员，他的电影我看了一遍又一遍，（　　　）。

（5）他每次考试都是年级第一，我太（　　　）他了。

3. 根据课文一回答问题

（1）班级中，谁比较了解中国？

（2）成龙为什么很有名？

4. 课堂活动

你们国家有哪些有名的神话故事？跟大家分享一下吧。

📖 课文二 《音乐之声》

王老师：今天我们一起欣赏一部**歌舞片**，第38**届**奥斯卡金像奖最佳影
片——《音乐之声》。

张　艺：哇！电影中的音乐真是太**动听**了。

王老师：用大量歌曲和舞蹈的**形式**来表达剧情，这是歌舞片的最大特色。

张　艺：我喜欢这种特色**鲜明**的电影。

王老师：说到特色，你们知道非常**卖座儿**的美国**好莱坞**电影有什么特色吗？

李明明：让我想想。虽然好莱坞电影有很多不同类型，但大部分是**商业**电
影，是为了赚钱，对吗？

王老师：对。商业电影的主要**目的**就是**获利**。

欣赏	xīn shǎng ; v. ; appreciate	卖座儿	mài zuò er ; draw large audiences
歌舞片	gē wǔ piàn ; n. ; musical film	好莱坞	hǎo lái wū ; n. ; Hollywood
届	jiè ; m. ; session	商业	shāng yè ; n. ; commerce
动听	dòng tīng ; attractive to listen to	目的	mù dì ; n. ; purpose
形式	xíng shì ; n. ; form	获利	huò lì ; v. ; earn profit
鲜明	xiān míng ; adj. ; distinct ; clear		

电影《音乐之声》

练一练

1. 用所给汉字完成词语

听 欣 业 式 明 目

商（　　） 　　　　　（　　）赏 　　　　　鲜（　　）

（　　）的 　　　　　形（　　） 　　　　　动（　　）

2. 选择合适的词语完成句子

A 动听　B 形式　C 卖座儿　D 欣赏　E 目的　F 鲜明

（1）父母教育孩子的（　　），是让孩子变成更好的人。

（2）过年的时候，我们用不同的（　　）来庆祝新年。

（3）这部电影的票房超过了 50 亿！真是一部（　　）的电影。

（4）她喜欢一个人安静地（　　）音乐。

（5）在他讲的（　　）的故事里，每个人的性格都是那么的（　　）。

3. 根据课文二回答问题

（1）歌舞片用什么来表达剧情？

（2）好莱坞电影有什么特点？

拓展阅读

独立电影及艺术电影

　　"独立电影"的概念来源于 20 世纪中期的好莱坞。当时的好莱坞被"八大电影公司"**垄断**，电影要严格按照"八大电影公司"的规定拍摄。一批电影人为了**摆脱**"八大电影公司"的控制，自筹资金，甚至自己编写剧本、自己担任导演，拍出了许多与商业电影**截然不同**的、思想性强的电影，

被人们称为"独立电影"。

艺术电影则是指一种**着重**艺术性而非商业性的电影。**欧洲人文艺术电影**一直给人一种"严肃、沉重"的**刻板印象**，是因为其题材与主流的好莱坞电影有明显的区别，通常具备一些独特的艺术**元素**。

1. 独立电影 　　　dú lì diàn yǐng；*n*.；Independent Film

2. 概念 　　　　　gài niàn；*n*.；concept

3. 世纪 　　　　　shì jì；*n*.；century

4. 垄断 　　　　　lǒng duàn；*v*.；monopolize

5. 摆脱 　　　　　bǎi tuō；*v*.；get rid of

6. 截然不同 　　　jié rán bù tóng；different as black and white

7. 着重 　　　　　zhuó zhòng；*v*.；emphasize

8. 欧洲人文艺术电影　ōu zhōu rén wén yì shù diàn yǐng；European
　　　　　　　　　Humanistic and Artistic Film

9. 刻板印象 　　　kè bǎn yìn xiàng；*n*.；stereotype

10. 元素 　　　　 yuán sù；*n*.；element

第十五课　电影类型（二）

第十六课　电视节目

📖 课文一　我爱看综艺节目

王老师：同学们爱看电视吗？一般都看什么电视节目？

苏　朋：我每天早上都看国际**新闻**，了解国际**动态**。

王老师：每天都看呀？看来你对新闻很感兴趣。

苏　朋：对。我很喜欢新闻**行业**，希望以后能成为一名**记者**，去**采访**不同的人。

王老师：很好，兴趣是最好的老师。其他同学呢？

张　艺：我爱看**综艺**节目，每次看我都会哈哈大笑，心情特别好，我觉得是不错的**放松**方式。

米　拉：我们全家都爱看**电视剧**，但爱看的类型不太一样。我妈爱看**偶像**剧，我爸爱看**战争**剧，而我爱看神话剧。

新闻	xīn wén ; *n.* ; news		综艺	zōng yì ; *n.* ; variety
动态	dòng tài ; *n.* ; trends		放松	fàng sōng ; *v.* ; relax
行业	háng yè ; *n.* ; industry		电视剧	diàn shì jù ; *n.* ; TV drama
记者	jì zhě ; *n.* ; journalist		偶像	ǒu xiàng ; *n.* ; idol
采访	cǎi fǎng ; *v.* ; interview		战争	zhàn zhēng ; *n.* ; war

练一练

1. 用所给汉字完成词语

动　记　业　松　艺　访

放（　）　　　　　采（　）　　　　　（　）态

行（　）　　　　　综（　）　　　　　（　）者

2. 选择合适的词语完成句子

A 放松　B 行业　C 记者　D 动态　E 采访

（1）无论在什么（　　）工作，我们都要认真、努力。

（2）下个星期就要考试了，考完试我要好好地（　　）一下。

（3）作为一名（　　），我（　　）过许许多多不同的人。

（4）老师非常关心学生，对学生的生活（　　）都很清楚。

3. 根据课文一回答问题

（1）苏朋以后想做什么工作？为什么？

（2）你喜欢看综艺节目吗？综艺节目有什么特点？

📖 课文二　你真是个电视迷

王老师：有同学知道"脱口秀"是什么吗？

子　杰：发音听起来像是英语的"Talk Show"，是音译的词语吗？

王老师：没错，其实就是谈话节目。

李明明：我知道我知道，我还当过现场观众呢！主持人很幽默，跟嘉宾、观众的互动都非常棒，气氛很热烈。

子　杰：这么有意思呀？都谈些什么呢？

李明明：有很多话题，政治、经济、文化都可以谈。观众参与感很强。

王老师：但是大家知道吗，现在"脱口秀"不只代表谈话节目，更多时候它指的是另一种形式的节目。

子　杰：还有别的形式？

王老师：对，就是一个人站在台上讲笑话，逗大家开心。

李明明：这个我也知道，这种节目又叫"单口喜剧"！

王老师：哈哈，看来你真是个电视迷。

脱口秀	tuō kǒu xiù；n.；talk show；stand-up comedy	互动	hù dòng；n.；interaction
谈话	tán huà；n.；talk	气氛	qì fēn；n.；atmosphere
现场观众	xiàn chǎng guān zhòng；live audience	热烈	rè liè；adj.；enthusiastic
主持人	zhǔ chí rén；n.；host	参与感	cān yù gǎn；sense of participation
幽默	yōu mò；adj.；humorous	逗	dòu；v.；amuse
嘉宾	jiā bīn；n.；honored guest	单口喜剧	dān kǒu xǐ jù；n.；stand-up comedy

练一练

1. 用所给汉字完成词语

| 译 谈 众 动 嘉 持 |

观（　　）　　　　　　　　（　　）话　　　　　　　　互（　　）

（　　）宾　　　　　　　　主（　　）　　　　　　　音（　　）

2. 选择合适的词语完成句子

| A 谈话　B 现场　C 气氛　D 幽默　E 嘉宾 |

（1）圣诞节快到了，大家都去商场买东西，非常有过节的（　　　　）。

（2）上一期节目主持人跟（　　　　）的互动实在太有意思了，我看了好

　　　几遍。

（3）我昨天去听了一场（　　　　）音乐会，效果太棒了！

（4）王老师非常（　　　　），同学们都喜欢他的课。

（5）嘘！我们这次的（　　　　）内容是一个秘密，不能告诉别人。

3. 根据课文二回答问题

（1）谈话节目为什么又叫"脱口秀"？

（2）谈话节目一般谈些什么内容？

4. 课堂活动

如果你有机会参加一个谈话节目，你希望参加哪一个？聊什么话题？

▍拓展阅读

纪录片

　　纪录片是以真实生活为创作**素材**，以真人真事为表现对象，并对其进行艺术的**加工**与**展现**的，以展现真实为**本质**，并用真实**引发**人们思考的电影或电视艺术形式。纪录片的**核心**为真实。电影的**诞生**始于纪录片的创作。中国纪录电影的拍摄始于19世纪末20世纪初，第一部是1905年的《定军山》。最早的一些镜头，包括清朝末年的**社会风貌**、历史人物李鸿章等，是由外国摄影师拍摄的。纪录片又可以分为电影纪录片和电视纪录片。

1. 纪录片　　jì lù piàn；*n.*；documentary

2. 素材　　　sù cái；*n.*；material

3. 加工　　　jiā gōng；*v.*；process

4. 展现　　　zhǎn xiàn；*v.*；show/emerge

5. 本质　　　běn zhì；*n.*；essence

6. 引发　　　yǐn fā；*v.*；initiate/trigger

7. 核心　　　hé xīn；*n.*；core/key

8. 诞生　　　dàn shēng；*v.*；come into being

9. 社会　　　shè huì；*n.*；society

10. 风貌　　　fēng mào；*n.*；style and features